福岡 レトロモダン建物めぐり

月刊九州王国編集室 著

Mates-Publishing

目次

筑後

筑豊

福岡
FUKUOKA
エリア
博多湾
旧九州帝国大学
工学部本館
P22
九州大学
医学歴史館
P26
福岡市
赤煉瓦文化館
P10
西南学院大学
博物館
P18
旧福岡県
公会堂貴賓館
P14
名島
松島
筑豊本線
箱崎九大前駅
箱崎宮前駅
馬出九大
病院前駅
千鳥橋JCT
築港
千代県庁口駅
天神北
呉服町駅
千代
空港通
福岡空港駅
中洲川端駅
祇園駅
百道
唐人町駅
大濠公園駅
天神駅
博多駅
東比恵駅
天神南駅
渡辺通駅
西新駅
薬院大通駅
薬院駅
六本松駅
桜坂駅
天神大牟田線
鹿児島本線
山陽新幹線
3
202
263
385

北九州
KITAKYUSHU
エリア
博多湾
門司電気通信レトロ館
(NTT西日本 門司ビル)
P28
大連友好記念館 P46
旧門司税関 P42
旧大阪商船 P40
旧門司三井倶楽部
P36
門司港駅
P32
九州鉄道記念館
P50
石炭会館 P62
旧古河鉱業若松ビル P64
上野ビル
(旧三菱合資会社若松支店)
P68
旧安川邸
P54
旧松本家住宅
(西日本工業倶楽部)
P58
旧百三十銀行
ギャラリー
P72
新下関駅
下関IC
門司港IC
門司港駅
春日
小森江駅
大里
門司駅
新門司IC
山陽新幹線
富野
足立
小倉駅
日明
九州工大前駅
戸畑駅
若松駅
筑豊本線
八幡駅
鹿児島本線
下到津
大手町IC
篠崎北IC
篠崎南
北方
長野
小倉東IC
191
495
199
3
71
10
322

筑後
CHIKUGO
エリア
日本福音ルーテル
久留米教会
P82
久留米大学本館
P78
新鳥栖駅
宮の陣駅
久留米駅
西鉄久留米駅
花畑駅
九大本線
善道寺駅
筑後草野駅
山辺道文化館
P74
大川市立清力美術館
P90
天神大牟田線
社会医療法人 雪の聖母会
雪の聖母聖堂
P84
西牟田駅
大溝駅
八丁牟田駅
八女IC
明治の館
P88
筑後船小屋駅
鹿児島本線
九州新幹線
九州縦貫自動車道
新大牟田駅
大牟田IC
大牟田市庁舎本館
P94
大牟田駅
三池港IC
三井港倶楽部
P98
322
210
264
385
442
3
208
208
443

筑豊
CHIKUHO
エリア
筑豊本線
福北ゆたか線
筑豊電鉄
山陽新幹線
日豊本線
日田彦山線
小倉南 IC
苅田北九州
空港 IC
八幡 IC
鞍手 IC
筑豊直方駅
直方駅
アートスペース谷尾
P102
直方谷尾美術館
P106
直方市石炭記念館本館
P110
勝野駅
平成筑豊鉄道
伊田線
九州マクセル
赤煉瓦記念館
P114
金田駅
豊前大熊駅
上金田駅
鯰田駅
浦田駅
旧伊藤伝右衛門邸
P122
後藤寺線
小波瀬
西工大前駅
行橋赤レンガ館
P118
行橋 IC
行橋駅
平成筑豊鉄道田川線
3
210
10
322
200
201
211
496

本書の読み方

1908

三井港倶楽部

百余年の歴史を刻む
迎賓館から食の美術館へ

- 施設名
- 住所・電話番号
- 開館時間・入館料金・休館日

など、インフォメーションを表示しています。開館時間や休館日は季節によって異なることもありますので、ご確認ください。

- 建築年
- 施工業者
- 設計士
- 文化財への登録の有無

など、それぞれの物件に該当のある項目のみ記載しています。

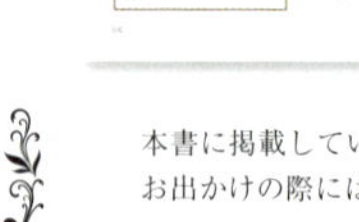

本書に掲載しているデータは2024年11月のものです。施設の公開内容や開館時間等変わる場合があります。お出かけの際にはHPなどで事前にご確認ください。

【月刊九州王国について】

「九州の振興と発展に寄与する」を編集方針として、歴史・文化・食・観光・環境・健康・貿易など、九州に存在する豊富な『資源』を積極的に取り上げて、九州全体を盛り上げる一冊。目はアジアへも向き、九州・アジア間の文化的・経済的な交流も取り上げています。

[月刊九州王国編集室部 お問合わせ]
〒810-0001 福岡市中央区天神4-1-11-8F
TEL 092-771-1023 FAX 092-761-0974

桜が舞う春の日も、
太陽が輝く夏の日も、
静かに葉が落ちる秋の日も、
しんしんと雪が積もる冬の日も、
建物たちはずっと変わらず、
この町を見守り続けてきた。
人々が熱気にあふれていたあの時代も、
戦いで疲弊していたあの時代も、
建物たちはそこに佇み、
人々を癒し続けてきた。

そんな季節や時代を超えて、さまざまな
歴史を紡いできた建物たちを県下から
32軒ご紹介します。建築美と建築様式
への好奇心を刺激する一冊になれば
幸いです。

1909

設計：辰野・片岡事務所
施工：清水組
国指定重要文化財

福岡市赤煉瓦文化館

天神の街角を華やかに彩る辰野式

東京駅などの設計で知られ「近代建築の父」と称された辰野金吾と、片岡安が手がけた。日本生命保険株式会社の九州支店として竣工し、保険会社としての役目を終えたのち、1969年には明治洋風建築を代表する建築物として国の重要文化財に指定。二度の補修工事を経て、建物の外観を建設当初の仕様に限りなく近く復原整備している。赤煉瓦に白い御影石が帯状に差し込まれた外壁、ドーム、円錐型の銅板葺き屋根、小塔などに注目しよう。

「会議室１」（写真右上）はかつて医員室として、保険に加入する顧客の健康状態を診察するため利用された。明治政府が銀行や保険業など、明治期に西洋から入ってきた新しい業種の建物に斬新なイメージを求めたことから、日本の建築に煉瓦造を持ち込んだ辰野にその多くを依頼したという。夜はライトアップを行っており、日中とはまた違った雰囲気に。玄関ホールを含め、生命保険会社の社屋なだけに高級さを感じさせつつも華美さは抑えられている。

19世紀に流行したアール・ヌーヴォーのデザインが、
天井や手すりなど各所に取り入れられている

現在「会議室２」として使用される部屋はかつての診査室。八角の塔屋で天井には漆喰を使用している。天井や窓、扉まで部屋全体がシンメトリーな造りだ

玄関ホールの受付台。鉄柵を曲げて有機的イメージを細やかな曲線で表現している

建築当時のガラスが今なお残る。歪みが光の屈折を生じさせ、特有のゆらぎがやわらかなレトロ感を演出

外観においてはこれらに加え、屋根・窓の形の多様性が見られる。辰野が19世紀末の英国留学中に流行していた、クイーンアン様式の影響が随所に表れたポイントだ。扉を開けると、生命保険会社の社屋にふさわしい重厚感を感じさせる玄関が出迎えてくれる。受付台には大理石が用いられており、鉄柵は柔らかで繊細な曲線と植物などのモチーフが特徴の装飾美術、アール・ヌーヴォーを採用。照明器具、階段の柵、換気口と至るところに取り入れられており、部屋ごとに異なるデザインを楽しもう。2階の部屋の中でも高級感ある医員室（現・会議室1）は医師の診察部屋で、海外からの客の検疫を行うために設けられた部屋。小規模ながらも変化に富んだ各部屋を見比べてみたい。

DATA

福岡市赤煉瓦文化館
住所／福岡市中央区天神1・15・30
電話／092・722・4666
開館時間／9:00～22:00
料金／無料（2階の会議室は有料）
休館日／毎月最終月曜日（祝日の場合は翌平日）、12/29～1/3

旧福岡県公会堂貴賓館

福岡の近代都市への出発点

明治時代に催された地方博覧会「九州沖縄八県連合共進会」の第13回開催に際し、会期中の来賓接待所として建設された。フレンチルネサンス様式を基調とする木造洋風建築物で、急勾配の屋根や八角の円形塔、水平方向の線を強調した外観が特徴的だ。1階の食堂は「貴賓館カフェ」としてコーヒーや軽食を提供。壁紙の色と絵柄は当時のままで、壁と壁紙の間に和紙を挟むといった、湿度の高い日本の風土に合わせた施工がなされている。

1910

設計：三條栄三郎
施工：岩崎組
国指定重要文化財

福岡県土木部技師であった三條栄三郎が設計・監督を務めた。それまでの洋風建築というと関東の企業や設計者が主体となり建築を行っていたが、三條をはじめ九州出身・在住の人々だけで初めて造られたものだ。１階食堂の天井中央部には旧県庁舎県議会議事堂（大正２年上棟式）を照らしていたシャンデリアを吊るしている。階段の支柱はケヤキの一刀彫りで、アカンサスの葉をモチーフにした意匠が特徴的

完成当時は2階の貴賓室の窓から博多湾が見えた。天井の油絵は青空と雲が描かれ、
海と空という"自然"を感じさせる、心休まる空間に設えたようだ

天井や壁紙は部屋ごとに異なる。1階遊戯室の天井は文様打ち出しの「亜鉛鉄板張り」と呼ばれるものだ

植物のレリーフは扉に付けられた蝶番にまで見て取れる

食堂の真上にあたるのが、2階の貴賓室。大理石の暖炉の装飾やアーチ状の透かし彫りなど、来賓をもてなす意匠が随所に盛り込まれているが、蝶番にも注目したい。扉を開けたときのみ見える蝶番にまでレリーフが施されているのだ。他にも寝室や談話室、遊戯室などさまざまな部屋があり、なんと天井・壁・暖炉は全部屋異なる仕様。板材を斜めに交差させる綾筋米松張りを採用した部屋や、古代ギリシャ・ローマで流行したアカンサスの葉の装飾をはじめとする各所のデザインも美しく、内観・外観ともに細かなところにも注目したい。一見まるで石造りのように見えるが、当時の木工技術が結集された、福岡の近代都市化に一役買った建築物だ。結婚式の前撮りなど、撮影スポットとしても人気。

外光を取り込む丸枠とガラス窓とのデザインの調和が見事な2階の廊下

DATA

旧福岡県公会堂貴賓館
住所／福岡市中央区西中洲6・29
電話／092・751・4416
開館時間／9:00～18:00（最終入館17:50まで）
※貴賓館カフェ 9:00～17:00（OS16:45）
カフェ利用時も入館料は必要
料金／大人200円、15歳未満100円、6歳以下・65歳以上は無料
休館日／月曜（祝日の場合は翌日）、12/29～1/3

1921

設計：ウィリアム・メレル・ヴォーリズ
有形文化財／福岡県

西南学院大学博物館

柔らかさと重厚さを兼ね備えたプロテスタント校のシンボル

米国南部バプテスト派の宣教師C.K.ドージャーが、1916年に設立した西南学院。その5年後に中等部の本館として建設されたこちらは、2003年まで生徒が利用し、現在はキリスト教やドージャー家の歴史資料展示に加え、年数回の企画展や講演会、ワークショップなど多角的に行っている。

アメリカ出身の建築家ウィリアム・メレル・ヴォーリズが設計し、外観は古典建築様式であるジョージ・コロニアル様式がベースに。

現存する学院最古の建築物で、博物館として用途を一新させた2006年からはユダヤ教、キリスト教、日本におけるキリスト教文化をテーマに、聖書の写本、ユダヤ教祭具、禁教関連資料などを展示。2階の講堂はかつてチャペルとしても使用され、礼拝や演奏会など市民が気軽に訪れてきた。掲げられた十字架やパイプオルガンがその役割を感じさせる。１階のドージャー記念室に設置されたピアノは、珍しい燭台付き。学院創設者のドージャーの自宅で使われていた

※2・3階は耐震・修復工事により一般見学不可（2024年11月現在）

長年にわたり多くの生徒たちが昇降したことで、
段板の中央がゆるくくぼんでいる

シンメトリーな設計に、古代ローマやギリシャなどの古典様式の装飾が施されている

讃美歌の伴奏や演奏会などで使用されてきたパイプオルガン（※2階のため2024年11月時点では見学不可）

左右対称の形状や入口周りの装飾、赤煉瓦造りからは重厚さを感じさせるが、プロテスタントの学校らしく華美さは抑えられ簡素にまとめられている。外壁は煉瓦の長い面と短い面を1段ずつ交互に積む「オランダ積み」を採用。最も強固な積み方と言われており、地震の多い日本の風土に対応したとみられる。

一方で内観はというと、重厚感のなかにも柔らかさを感じさせるデザインが印象的だ。礼拝などに利用されていた2階の講堂の扉を開けると、舞台と席を額縁のように区切るプロセニアムアーチが正面に見える。天井や壁の白い漆喰、講堂の中央まで光が届く窓などから優しい雰囲気を演出。1階と2階をつなぐ階段の中央のくぼみは、生徒たちが昇降した証だ。

中に入ってすぐ右手に設置されている十字架の小さな扉。かつて中学・高校の事務室だった時に使用されたといつ

DATA

西南学院大学博物館
住所／福岡市早良区西新3・13・1
電話／092・823・4785
開館時間／10:00～18:00（入館は17:30まで）
※2・3階は2024年11月時点で一般見学不可
料金／無料
休館日／日曜、盆、キリスト降誕祭（12/25）、年末年始

1930

設計：倉田謙、小原節三
施工：清水組
国登録有形文化財

旧九州帝国大学
工学部本館

帝国大学の威容を保ち、存在感を放つ遺構

かつて九州大学が、国内の旧帝国大学の一つ・九州帝国大学と呼ばれていた頃に建てられた。一部大講義室に鉄骨が使用された初期鉄骨鉄筋コンクリート造で、この時期の大規模建築物は全国的にも貴重だ。

地上5階・地下1階建てで、各部屋の中でもひときわ印象的なのが1〜2階に巨大な空間を占める大講義室（非公開）。教壇と黒板に視線が集中するよう緩やかな傾斜を描いた聴講席が広がり、アンティークな照明も相まって品格と威厳を感じさせる。

大講義室はまるで劇場のような造りで、アンティークな照明なども当時のまま残る。ここで多くの生徒が学び、多くの学者が輩出された。４階の会議室（貴賓室）は昭和天皇来校のために設けられたが実際の使用は叶わず、教授会などで活用。外壁には多数の細い溝の模様があるスクラッチタイルを採用。割付けや形にも配慮がなされ、デザイン性の高さと共に技術の高さも示されている。正面玄関の車寄せから玄関にかけて質の高い意匠が集中している

※1階の大講義室、4階の会議室は2024年12月現在一般公開していない

玄関ポーチの持ち送りに施されたコンドルの意匠をはじめ、
細かい部分にもさまざまなデザインがなされている

かつてはスダレ煉瓦とも呼ばれた、多数の細い溝の模様が特徴的なスクラッチタイルを外壁に採用。ライオンの雨どいフードも

完成当初から変わらない玄関扉。幕板には彫刻が施され、欄間には植物をかたどったステンドが煌めく

4階の会議室（貴賓室）は議長席の背後が柱間いっぱいの油絵に彩られ、天井と梁下面の浮彫りの飾り、絨毯やシャンデリアなど、要客を迎える豪華で美しい部屋だ。外壁は茶色のスクラッチタイルで覆われており、中央にそびえる展望塔、その両脇を固める半円筒状の塔屋などから成る複雑な造形が存在感を放つ。細部にわたって質の高いデザインがなされ、玄関扉の幕板に施された彫刻や、コンドル、ライオンなどの意匠がある。

なお、1階の大講義室、4階の会議室は２０２４年12月現在一般公開していない。この向かいに建つ「旧九州帝国大学本部事務室棟」「旧九州帝国大学本部建築課棟」の兄弟建築なども合わせた近代建築物群が、国の登録有形文化財に登録されている。

1～4階では九州大学の約750万点もの収蔵資料のうち約155万点を所蔵し、一部を展示している

DATA

旧九州帝国大学工学部本館
住所／福岡市東区箱崎6・10・1

1903

設計：九州大学施設部 kataoka設計室（復元）

九州大学医学歴史館

医者の卵たちの学び舎

1903年、九州大学創立当初に建てられた解剖学講堂で、かつては福岡県内の木造洋風建築物として最古のものだった。1997年の新病院建設に伴い解体を余儀なくされたが、同窓生の寄付などにより、創立時の外観をほぼ忠実に再現し復元。

九州大学医系学部に関わる歴史資料を収集保存し次世代に継承するための役割を担っている。

2階建てで内装は資料保管に最適な現代の造りになっているが、〝講堂〟の名残を感じられるものがある。それは1階部分の窓だ。入口を正面

明治中期のカルテや医療機器、薬局の看板といった貴重な資料を多数展示

階段状の講堂に合わせて造られた窓は、入口がある壁の反対側にも同じように設置されている

三角形の屋根下部と水平材に囲まれたペディメント部分に、半円アーチ窓が配置され柔らかな印象に

歴史館がある九州大学病院の入口には、1928年に建てられた医学部正門が当時の姿のまま残る

から見てみると、窓のサイズが左側にいくにつれ小さくなっている。これは講堂内の大きな階段教室に合わせて造られたもので、歴代の新入生たちはこの場所で最初の講義を受け、医学生としての第一歩を踏み出した。

DATA

九州大学医学歴史館
住所／福岡市東区馬出3・1・1
電話／092・642・4856
開館時間／10:00～16:30
(入館は16:00まで)
料金／無料
休館日／月・火曜、年末年始

門司電気通信レトロ館（ＮＴＴ西日本　門司ビル）

堅牢さと美しさを兼ねそなえた逓信（ていしん）建築

人々の暮らしに欠かせない通信設備を守るため、災害に強い堅牢な造りが特徴の逓信建築。逓信省門司郵便局電話庁舎として使用されていたこちらもその一つだ。１９９９年までＮＴＴの門司営業所として使用されたが、その役割を終えてからは電信や電話機器の変遷を伝える博物館となっている。その特徴は正面の垂直線を基調に柱の最上部を反復させた意匠。設計を担当したのは、京都タワーや日本武道館を設計したことでも知られる山田守だ。

1924

設計：山田守
鉄筋コンクリート
近代化産業遺産
景観重要建造物／北九州市

門司で最初の鉄筋コンクリートの建造物として誕生。2008年度に経済産業省より「近代化産業遺産」、2013年に北九州市より「景観重要建造物」として指定された。外観のみならず、階段下や天井などの細部に至るまで、角のない曲線状の造り

天井は左官職人が手作業で装飾。漆喰の味わいある
色味と質感が美しい

建物の外に設置されている馬留。当時は馬留石をポールでつなぎ、そこに馬や馬車の手綱が結ばれていた。現在ポールは切断されたが、馬留石が残っている

壁材の塗り直しや補修なども行われている館内で唯一、当時の色彩をそのまま残す親柱

大正モダンを感じる滑らかで美しい構造のみならず、防災設備に長けた設計にも注目したい。「重要な電信電話設備を延焼から守るため、かつては『内田式流水防火装置』を設置。外部窓の最上部にはシャワーパイプを取り付け、窓に水幕を張りながら下に流れるよう、垂直の柱が水の飛散を防ぐ設計になっていました」と館長の江後紀久子さん。

3階はかつての電話交換手の休憩室。非公開ながら事前予約で見学可能。「天井は全て漆喰で、柱ごと模様を変えた装飾が施されています。当初、電話交換機手として勤めていたのは良家出身のご息女でしたから、彼女たちが働く空間として当時のこだわりを集めた上質な設えを目指したと考えられます」。

一本の木を伐り出して手すりに用いている。3階の最上階から下を覗くと螺旋階段のように見えるから不思議

DATA

門司電気通信レトロ館（ＮＴＴ西日本 門司ビル）
住所／福岡県北九州市門司区浜町４・１
電話／093・321・1199
開館時間／9:00～17:00（入館は16：30まで）
料金／無料
休館日／月曜（祝日の場合は翌平日）、年末年始

1914

設計：鉄道院九州鉄道管理局工務課
木造2階建てネオ・ルネサンス様式
国指定重要文化財

門司港駅

大正から令和まで人々の往来を見守る駅舎

九州鉄道の駅として1891年に開業した当時は、現在の場所より山側に位置していたが、1914年に新駅舎として現在の場所に竣工された。水平線を意識したネオ・ルネッサンス様式が採用された建物は、木造ながら威風堂々としている。2012年からは老朽化に対応するための保存修理工事が開始され、2019年に完了。創建時の姿のまま現役の駅舎として使用されている貴重な施設として、東京駅とともに国の重要文化財だ。

1988年には鉄道駅舎として初めて国の重要文化財に指定された。一直線に見通せるホームは柱や屋根の内側が木製で、梁には線路のレール材が使われている

2階の旧貴賓室は見学可能。身分の高い人々を迎えていた部屋で、大正時代には
天皇皇后両陛下をはじめ皇太子殿下も訪れ、休憩所として利用された

2階には屋根裏をのぞける小窓があり、木造建築の裏側が垣間見える

大正時代の建設当時から残る「幸運の手水鉢」。戦時中の貴金属供出を免れたことから、"幸運"と名付けられた

正面から駅舎を見ると左右対称の造りがまるで門のよう。ヨーロッパの駅舎に多く見られる、柱が上階にわたり伸びるジャイアントオーダーを採用していることも特徴の一つだ。昭和時代には駅舎正面に上屋が付いており、自動車や人力車で乗り付けた人々が雨に濡れることなく乗降できた。現在はそのひさしの一部を改札近くに展示している。

また、外壁は石貼り風の目地を設けたモルタル仕上げ。建物を荘厳に見せる工夫が館内の随所に見られるが、何と言っても忘れてはならないのが、同館が木造であるということ。館内2階には屋根裏の木造の柱をのぞくことができる小窓が設置されているので、大正から令和へと人々の往来を見守り続けた駅舎の歴史を感じたい。

関門トンネルが開通したことで1964年に廃止された関門連絡船。当時は本州から九州へ行く際、関門連絡船で門司に渡り、鉄道に乗り換えていた。駅から渡船場までの連絡通路の一部を見ることができる

DATA

門司港駅
住所／福岡県北九州市門司区西海岸1・5・31
開館時間／7:30 ~ 19:00（みどりの窓口）
※2Fは9:30 ~ 20:00
休館日／年中無休

旧門司三井倶楽部

港町に現れる山小屋風建築

三井物産門司支店の社交施設として、門司港駅から車で10分程の山手に建てられた。その後、建物を所有する財閥の解体や、所有権の譲渡などを経て、現在の場所に移築。建設時には、閑静な住宅街という周囲の景観に合わせ、デザインされたという。木製のフレームを意図的に露出させたハーフティンバー様式と、大小複数の切妻屋根が魅力だ。入館する前に2種類の装飾が施された壁面に注目したい。まず、1階のハーフティンバー以外の壁に用いられたのが「人造石洗い出し」。

1921

設計：松田昌平
木造2階建て
国指定重要文化財
近代化産業遺産

蛇腹天井が美しい（写真上）。移築·復元した当時、装飾品などの現物は残っていなかった。カーテンは、カーテンボックスから見つかった切れ端を元にオリジナルを再現した。大食堂だった場所（写真下）は現在もレストランとして使用されている

アールデコ調の特徴である幾何学的な模様が施された親柱。
木製の丸みを帯びたフォルムが、柔らかな空間を演出している

マントルピースの足元にも注目。小さな木のピースを合わせた寄木張りの装飾が美しい。蝋引きによる滑らかな質感が見た目から伝わる

入口の扉。港町らしく、上部には帆船をデザインしたステンドグラスがあしらわれている

種石やセメント、石灰を練り合わせた壁材を3回塗り、それを水洗いすることで砂や石を露出させる手法だ。また、ハーフティンバー部分には「ササラ」で掃き付けるように壁材を飛ばす「モルタル掃付壁(ドイツ壁)」を採用。切妻屋根とともに建物に立体感を生んでいる。

移築にあたっては建物を一度すべて解体し、職人による手作業で復元作業が進められた。館内の天井に施された漆喰装飾もその一つ。明治から昭和にかけて、西洋建築に対応するために生まれた蛇腹引きが施されている。引き型という型を使い、絶妙な力加減で壁材を塗っていく。ラインが歪むことなく凛と伸びる姿が美しい。

建物が建てられた翌年にはアインシュタイン夫妻が宿泊。ベッドルームやバスルームなど、当時の調度品を再現した展示が見られる

DATA

旧門司三井倶楽部
住所／福岡県北九州市門司区港町7・1
電話／093・321・4151
(門司港レトロ総合インフォメーション)
開館時間／9:00～17:00
料金／2階「アインシュタインメモリアルルーム及び林芙美子記念室」のみ有料
大人150円、小中学生70円　※30人以上は団体料金20%引
休館日／年中無休

1917

設計：河合幾次
施工：内海鶴松
木造洋風（一部レンガ型枠コンクリート造）２階建て
国登録有形文化財

旧大阪商船

美しいレンガに飾られた混合造建築

明治から大正時代にかけ、国内有数のシェアを誇った海運会社・大阪商船が、大陸航路の一大拠点であった門司港に支店として設置した建物。一見、レンガ造りのように見えるが、実は木造と一部レンガ型枠コンクリート造の混合造だ。海に面した壁は、コンクリートにタイルを貼ることでレンガ風に仕上げている。裏手に回ると、木質壁にモルタルを塗った、表とは異なる建物の表情を実際に見ることができる。これは工期の短縮や経費の削減が理由と考え

隣接する旧門司三井倶楽部から見ると表のレンガ調とは異なる表情が楽しめる

現在、1階は北九州出身の漫画家・わたせせいぞう氏のギャラリー、2階は貸しホール

人造石を研ぎ出して造った柱頭がエレガントで美しい

アーチ型ペディメントやドーマー窓などの装飾は建築当初の姿をそのままに現在も修復保存されている

られている。また、隅角部にある2つのアーチ型窓と八角形の塔屋も印象的。4階相当と高層の塔は港のランドマークとなっただけでなく、夜間には灯台の役割も果たしたという。

DATA

旧大阪商船
住所／福岡県北九州市門司区港町7・18
電話／093・321・4151
(門司港レトロ総合インフォメーション)
開館時間／9:00 ～ 17:00(入館は16:30まで)
料金／無料
休館日／無休

※「わたせせいぞうギャラリー」
大人１５０円、小中学生７０円
年２回休み

1889

設計：妻木頼黄による指導および、
建築技師・咲寿栄一による設計
施工：清水組
レンガ造瓦葺き2階建て

旧門司税関

レンガ造りが美しい吹き抜け空間

明治43年に完成した初代庁舎が竣工後すぐに焼失したことを受け、同じ場所に明治45年に誕生した2代目門司税関庁舎。昭和2年に3代目庁舎が西海岸通りに完成し、その役目を終えるまで使用された。東京日本橋の装飾を担当し、横浜赤レンガ倉庫を設計したことで知られる明治建築界の巨匠・妻木頼黄が関わった、現存する数少ない建築物の一つである。レトロモダンを象徴する外見的な魅力のみならず、堅牢な造りにも注目したい。

２階の床面を撤去した跡は今も見ることができる。展望室の窓からは関門海峡を一望。監視業務が行われていた当時様子が想像できる

吹き抜けの開放感あふれる館内。「イギリス積み」により
レンガが美しく積まれている

1階のエレベーター横や3階の展望室に向かう階段の壁など、館内のさまざまな場所で木レンガが見られる

シャンデリアは3代目門司税関合同庁舎貴賓室に取り付けられていたもの

当時、北部九州の産業に不可欠な輸出入を担っていた門司港で、社会悪物品を取り締まるため、この建物の中で検閲や港に停泊する船の監視業務が行われた。最上階3階に海側と第一船溜側を向いて備えられた大きな窓が、当時の監視業務の様子をうかがわせる。その後、民間企業に払い下げられ、倉庫として活用されることに。その際、フォークリフトなどの重機が通行するために2階の床面や内装が撤去された。どこか新しさを感じる吹き抜け空間はそのため。イギリス積み（一部オランダ積み）レンガ造りの趣ある雰囲気とマッチしている。現在、市民に「旧税関」と呼び親しまれ、憩いのスポットとなっている。

1階には税関の取り組みを紹介する税関展示室がある。取り締まりを受けたコピー商品や知的財産侵害物品などを展示している

DATA

旧門司税関
住所／福岡県北九州市門司区東港町1・24
電話／093・321・4151
（門司港レトロ総合インフォメーション）
開館時間／9:00～17:00
料金／無料
休館日／年中無休

大連友好記念館

日中の友好関係を示す名建築

大陸貿易の拠点として栄えた門司港。特に大連をはじめとする中国大陸との間には重要な国際航路が敷かれた。１９７９年には北九州市と大連市の友好都市協定が結ばれ、同館は協定締結15周年の記念に、両市の長い交易の歴史を伝えるシンボルとして誕生。建物のモデルになったのは、大連市にあった「東清鉄道汽船会社事務所」だ。ロシア統治下でドイツの建築家により建設され、その後、大連が日本の統治下になると「旧日本橋図書館」として利用された。

1994

設計：株式会社日本設計
鉄筋コンクリート造
地下１階地上３階建て

竣工後は図書館として使用されたが2018年に閉館。その後は観光施設として、レトロ地区のパンフレット配布所や休憩所、ギャラリーカフェとして活用されている

モデルとなった東清鉄道汽船会社事務所では中国瓦が葺かれていた。それを参考に日本の気候に合ったものを国内で特注した。平瓦と平瓦を交互に積み重ねる「反瓦葺」という、大連郊外の農村で多く見られる葺き方を採用

石や煉瓦の目地が山形に盛り上がる覆輪形状になっている。遠くから見た際にも立体感を出すための工夫だ

入り口の足元に敷かれた絵タイルは、19世紀末にヨーロッパで流行した装飾様式「アールヌーボー」を取り入れたデザイン。アカンサス葉模様が優しい印象を与えている

外壁には大連の工場で焼かれたレンガを使用。大小2種類のサイズのレンガ調のタイルを交互にコンクリート壁に貼り付けている

日中友好の象徴として完成が期待されたが、建設に際しては問題もあったという。「設計図や立体図などの資料が残っていなかったのです。正面写真を手がかりに、現地の建築様式や資材の調査が重ねられ、4年7カ月をかけて完成しました。複製と言っても張りぼてではなく、本格的なクオリティを保つことが最優先されました」と話すのは門司港共創プロジェクトチーム共同事業体広報の末吉春香さん。大連で焼かれた約10万個のレンガ調のタイルのうち、上質なものだけを4万5千個選び抜き輸送するなど、現地生産にこだわったことで資材調達に大変な労力が注がれた。しかし、その過程では現地の職人と日本の職人との間に密な交流もあったといい、まさに両国の友好の証となっている。

DATA

大連友好記念館
住所／福岡県北九州市門司区東港町1・12
電話／093・321・4151
(門司港レトロ総合インフォメーション)
開館時間／9:00～17:00
料金／無料
休館日／年中無休

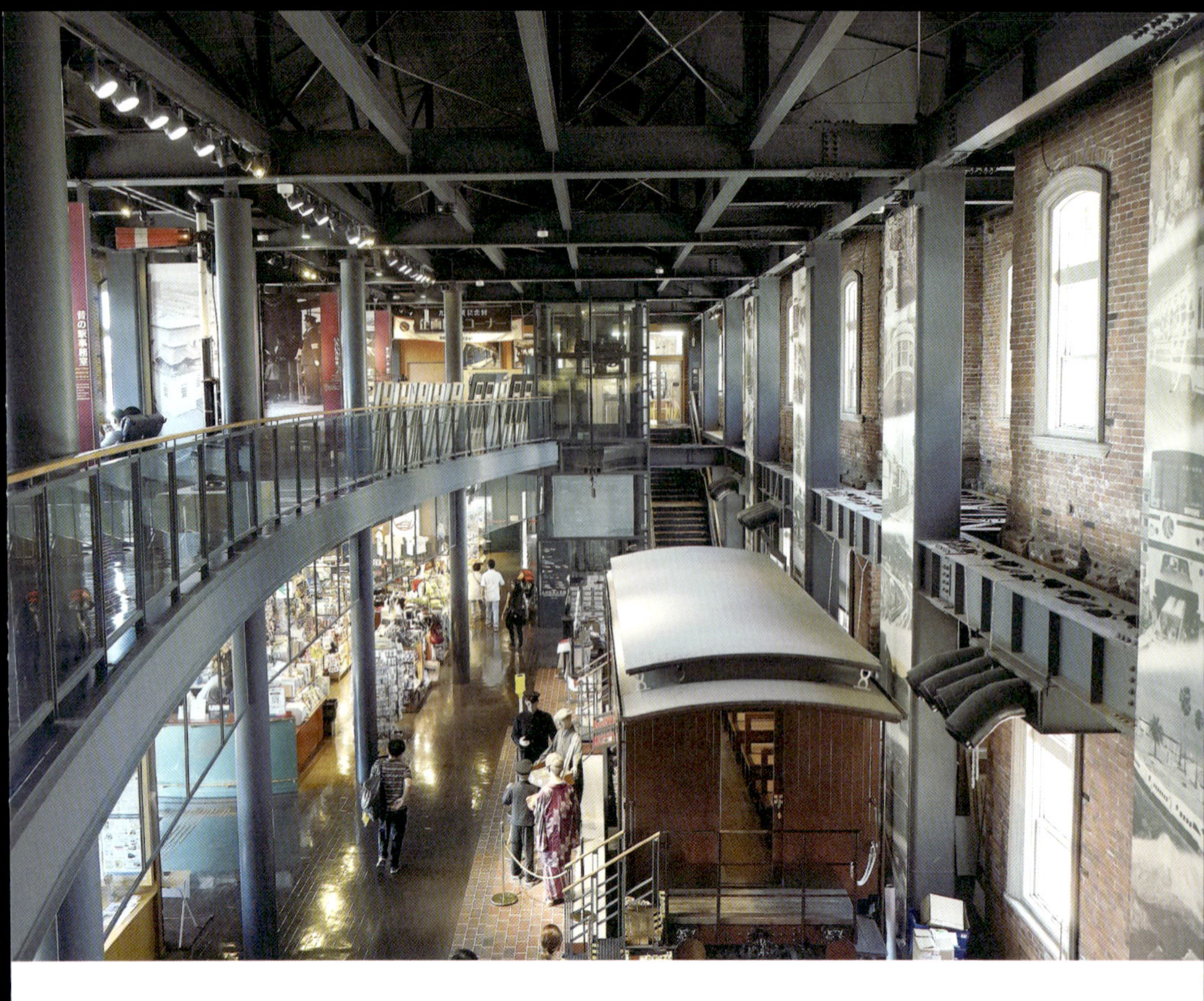

九州鉄道記念館

レンガの装飾が美しい、九州鉄道はじまりの地

九州最初の鉄道会社として誕生した九州鉄道。門司駅が開業したことにより、博多にあった仮社屋を移転し、本社として新築された。建物はその後、国鉄が使用したのちＪＲ九州に引き継がれ、２００３年に九州鉄道記念館として開館。道路に沿うような約62、５mと細長い形状の建物で、南北両側に玄関部が設けられている。明治期の日本で鉄道技術の指導を行ったドイツ人、ヘルマン・ルムシュテルが設計に関わったと考えられているが真偽は不明。

1891

設計：一説にヘルマン・ルムシュテル
レンガ造り２階建て
国登録有形文化財
近代化産業遺産

歴史的鉄道車両や鉄道に関連する資料を展示。館
内中央は明治時代の客車で、こちらは改修工事の
際に、屋根を取り付ける前に上部から搬入された

写真中央の横にラインが入った部分はレンガを斜めに敷き詰めていく矢筈張りを採用。
表面には色の異なるレンガを帯状に積むなど、レンガの装飾は見どころの一つ

入り口ゲートで出迎えてくれるのは北九州地区最後の蒸気機関車「日本国有鉄道59634号」の一両。ほかにも、国の重要文化財に指定された「日本国有鉄道42055(キハ07 41号)」など九州で活躍した車両を展示

南側の玄関口近くの壁には、太平洋戦争中に受けた空襲の跡がみられる

石炭産出地筑豊と門司港をつなぐ輸送手段として湾口と連携して発展した

門司港レトロ地区で数多く見られるレンガ造りだが、こちらではフランス積みを採用している。フランス積みとは、レンガの長手と小口を交互に並べる手法。手間と時間がかかるため、福岡県内のレトロ建築のなかでも用いられているのは数例のみだ。鉄道記念館として開館するための改修工事では、その瀟洒な雰囲気を活かすために、レンガを内側から鉄骨造りで補強した。館内では鉄道にまつわる貴重な資料とともに、竣工当時のレンガを見学できる。

そして、往年の鉄道ファンを惹きつけるのが車両展示。「今にも動き出しそうでしょう?当館の主役は歴史ある建物と鉄道ですから、9つある鉄道車両は毎朝欠かさず磨き上げているんですよ」と副館長の宇都宮照信さんは話す。

DATA

九州鉄道記念館
住所/福岡県北九州市門司区清滝2・3・29
電話/093・322・1006
開館時間/9:00~17:00
料金/大人300円、中学生以下150円
休館日/不定休(年9日程度メンテナンスのため休館)

旧安川邸

明治中期から昭和初期まで 和と洋の贅を尽くした邸宅

1912

設計：久保田小三郎
施工：清水組
大座敷棟 木造平屋　洋館棟 木造2階建て
洋風本館棟 木造2階建て
有形文化財／北九州市

工業都市・北九州の基礎を築いた安川敬一郎の旧邸宅。広大な日本庭園を抱くように建つ大座敷棟は1912年に若松から移築されたものだ。純和風の設えの中にも照明のペンダント部分にアイアンクラフトを用いるなど、モダンなデザインも取り入れている。大座敷棟の一部は日本茶を提供するカフェとしても営業している。西側にあるのが大座敷棟と同年に竣工された二つの蔵。鉄筋コンクリート造りの南蔵と、レンガ積みに石の外壁を貼った北蔵だ。

日本庭園から見た大座敷棟。辛亥革命を起こした孫文も客として招かれた。その大座敷棟の広間からは南北に日本庭園と中庭という二つの庭を臨むことができる。大座敷棟の西側には南蔵と北蔵が。建築方法は異なるが同時期に建てられた双子の蔵だ

北側からみた洋館棟。屋根の破風、一階の縁などが
和の雰囲気を醸し出す

最も新しい洋風本館にある大理石を使った暖炉

洋館棟正面。窓に飾りのバルコニーが取り付けられるなどデザイン性も高い

南蔵は日本で二番目に古い鉄筋コンクリート建造物で、蔵内では安川家ゆかりの品やパネルの展示などが行われている。

そのそばにあるのが１９２７年に建てられた洋館棟。現在は外観のみの見学となるが、その独自性は外からでも充分に感じられる。設計はアールデコの影響を受けており、正面から見ると玄関や窓枠など西洋風の佇まいが色濃い。しかし北側から見える２階の部分は、銅板葺きの千鳥破風が取り付けられるなど、伝統の和風建築の雰囲気を残している。

洋館棟の後に建てられたのが１９３８年竣工の洋風本館棟。暖炉を備えた客室には雪の結晶柄を焼き付けた窓ガラスや廊下の地窓など、昭和初期の希少な設えを見ることができる。

洋風本館から大座敷棟へ続く渡り廊下。時代を超えるトンネルのようだ

DATA

旧安川邸
住所／福岡県北九州市戸畑区一枝1・4・23
電話／093・482・6033
開館時間／9:00～17:00(最終入館は16:30まで)
料金／一般260円(団体25名以上200円)、小中学生130円(団体25名以上100円)
休館日／火曜日

1912

洋館設計：辰野金吾　木造2階建て
日本館設計：久保田小三郎　木造平屋建て
国指定重要文化財

旧松本家住宅
（西日本工業倶楽部）

明治中期から昭和初期まで和と洋の贅を尽くした邸宅

旧安川邸を所有していた安川敬一郎の次男・松本健次郎が建てた迎賓館を兼ねた住宅。洋館と日本館があり、渡り廊下で繋がっている。どちらも大正時代の建物で当時の姿をほぼそのまま留めている建築物だ。洋館の設計は東京駅や日本銀行などを手がけ、赤レンガを使った「辰野式」で知られる辰野金吾で、ここは彼の晩年の作品。個人の邸宅として辰野が初めて手がけた建築物で、アールヌーボー様式を採用している。

食堂では今もランチやディナーを楽しむことができる。記念日など特別な時間を過ごす時に使いたい。庭から眺めるとアールヌーボー様式を体現するアシンメトリーの外観が体感できる。建築だけでなく調度品も見事。写真下は階段に沿うように設置された和田三造作のステンドグラス。踊り場には同氏が手がけた巨大な和更紗のタペストリーもある

洋館2階の和室にある暖炉。このほか各室に暖炉がある。ここでは入口に
近くても暖炉を背にする席が上座として使われている

正門を入ると、洋館と日本館が並ぶ姿が見える

デザインに曲線を加えた個性的な書斎の扉

庭園の小高い丘から見ると、建物全体は左右非対称。また、窓の外のテラスに突き出た庇の梁がアーチを描いていて、直線の柱と曲線の梁が調和するように設計されている。こうした建築デザインがアールヌーボー様式の大きな特徴だ。

直線と曲線との調和は室内の各所に見られる。例えば食堂の奥の壁にある木のアーチや窓枠、暖炉などにも巧みに曲線が取り込まれている。1階には食堂のほかに応接室、貴賓室、書斎などがあり、室内の雰囲気に合うように家具もオリジナルで製作された。ステンドグラスからやさしく差し込む陽光を感じながら、階段を登ると和室スペース。その一画に設置された暖炉は和室に合わせて、金箔が貼られた絢爛な襖戸が使われている。

アールヌーボー様式の特徴である植物の意匠も部屋に散りばめられている

DATA

旧松本家住宅（西日本工業倶楽部）
住所／福岡県北九州市戸畑区一枝1・4・33
電話／093・871・1031
（一般社団法人西日本工業倶楽部）
開館時間／ランチ11:30～15:00
ディナー17:00～21:00
料金／見学のみは不可。ランチやディナーなど利用すれば見学可能(但し、予約状況などにより見学できないことも)
休館日／火曜日(祝日は営業)、お盆、年末年始
※ランチ、ディナーともに3日前までの要予約。
　1人から予約可能

1905

木造2階建て

石炭会館

眼前には洞海湾が広がる明治末期の建築物

若松南海岸エリアで最も古い建築物。木造にモルタルの外装を施し、外観は石造り風に仕上げられている。左右対称の造りが特徴で、正面玄関にはバルコニーを支えるように古代ギリシアを思わせるドリス式の円柱を設置。窓はサッシに改修されているが、庇や窓の装飾に当時の面影を見ることができる。

2階に伸びる木製階段は建築当時のもの。階段のそばの漆喰の装飾や、手すりなど細かなところにも豪奢な装飾が施されている。この階段を

階段の踊り場からは2階の雰囲気を見ることができる

木製階段は建築当時のまま

エントランスにある木製のカウンター

かつて照明があった場所には漆喰の装飾が残る

登った両側にはマントルピースやガスの配管など、当時の最先端の設備を持った2つの広いホールがあり、石炭商たちのサロンとして使用されていた（現在は原則非公開）。自由に見学できるのは外観と1階部分だけだが、当時のままの床や壁、天井の装飾など随所に明治後期の建築様式を見ることができる。

DATA

石炭会館
住所／福岡県北九州市若松区本町1・13・15
電話／なし
開館時間／9:00～17:00(一部非公開)
料金／無料
休館日／年末年始

1919

施工：大林組
レンガ造り地上2階建て洋風建築
国登録有形文化財
近代化産業遺産

旧古河鉱業若松ビル

大正ロマンの香りを伝える若松を代表する洋風建築

国の重要文化財・若戸大橋を背景に建つビル。もともと石炭を取り扱う企業が事業所として大正時代に建てたもので、建物の正面と側面を走る道路の交差する場所に建てられた円形の塔がシンボルだ。塔の下にある天然石と砕石の洗い出し仕上げの玄関は、当時のままの姿を伝えている。塔の天井のドーム部分は漆喰蛇腹という技法を用いたもの。建物全体はルネサンス様式に属し、建築にあたった職人が高い技術を持っていたことが随所から伝わってくる。

空に伸びるように建つ塔屋が印象的な外観。白壁や天井に漆喰を用いた1階のホールは改修が行われたものの、今も窓や柱に当時の面影を感じられる。塔の下にあるルネサンス様式の特徴がみられる玄関の庇の装飾は職人の高い技術によって生まれたものだ

塔屋の側面は直線的なデザインが美しい

照明が下がる天井部分は漆喰でデコレーションされている

柱上部には幾何学模様の飾りが採用されている

塔を中心にほぼ対称的で、玄関の庇部分の装飾に細やかな細工が施されているのもルネサンス様式の傾向だ。内部の意匠には幾何学模様が多用されており、柱の飾りなどにもそうしたものが見られる。

実は老朽化を理由に一度解体が予定されていたが、市民の熱意により北九州市が建物を取得し、復元改修。現在は多目的ホールとして市民に開放されている。「外観はレンガとモルタルを使った当時の姿を復元改修しています。側面のレンガの柱や三連の窓が直線的で、当時流行したルネサンス様式を取り入れたことが分かります。大正時代に設置された木製の階段や、漆喰を使った天井の装飾なども復元改修されたもの」と館長の若宮幸一さんは話す。

現存する大正時代の木製階段

DATA

旧古河鉱業若松ビル
住所／福岡県北九州市若松区本町1・11・18
電話／093・752・3387
開館時間／9:00～17:00
料金／無料
休館日／火曜、年末年始

上野ビル
（旧三菱合資会社若松支店）

セセッションの系譜を継ぐ モダンな雰囲気が魅力

若松と戸畑を結ぶ渡船の乗船場のそばにあるこちらは、大正時代に三菱が建てたもの。敷地内には本館のほか、倉庫や分析室などが建てられている。現在、内部を見学できるのは本館のみだ。本館の外壁に使われているのは白い鉱滓（こうし）レンガで、建設当時は白く瀟洒な外観だったが、長い年月の間に現在のような風合いに変化した。

「設計を手がけたのは三菱合資設計部の二代目技師長だった保岡勝也です。

1913

設計：保岡勝也
施行：清水組
レンガ造り3階建て
国登録有形文化財

2階、3階部分が吹き抜けになっている特徴的なデザインが見られ、その手すりには透かし彫りの装飾が施されている。今はやや変色してしまったが、建築当初はレンガの白さが際立つ姿で、屋根にはアーチが取り付けられていた

吹き抜けの天井にはステンドグラスが

白い大理石で造られた貴重な暖炉

あめ色になった階段は長い年月を伝える

彼はヨーロッパ各地で建築デザインを学んだ人物。その経験と学んだ技術がここで活かされているのを感じますね」とNPO法人北九州建物遺産トラストの理事のひとりに聞いた。

「保岡が影響を受けたのはおそらくウィーン発祥の新古典主義建築〝セセッション〟でしょう。実用性と細部のディテールの装飾性が高いことが特徴です。このビルの吹き抜けは天井に美しいステンドグラスを、2階と1階を仕切る床のガラスには明かりを取り込むために装飾のないものを使用。用と美を絶妙なバランスで取り入れています」（同理事）。

さらに吹き抜けを支える柱は2階と3階で違うデザインにするなど、よく見るとさまざまな場所に遊び心が溢れている。

吹き抜けの柱の装飾は階ごとに違うもの
が採用されている

DATA

上野ビル（旧三菱合資会社若松支店）
住所／福岡県北九州市若松区本町1
電話／093・761・4321
開館時間／9:00～17:00
※カフェやショップの営業時間はそれぞれ異なる
料金／無料
休館日／なし

旧百三十銀行ギャラリー

幾何学模様を取り込んだ赤いタイルの「辰野式」

1915

設計：辰野・片岡事務所
鉄筋コンクリート造り2階建て
有形文化財／北九州市

赤い壁面はレンガではなくタイル貼りで仕上げたもの。柱はコンクリートが固まる前に表面を洗い流すことで、ざらつきのある石柱のように見せる「洗い出し」という技法が用いられている。「この建物にはイギリスの古典主義建築の流れを組んだ設計とデザインが用いられていると聞いています。シンプルに見える柱や天井の各所に幾何学模様の装飾や溝で立体感を持たせるなどの工夫が見えます。明かり取りのための高い窓など、当時としてはとても贅沢な造

改修されたホールには当時の柱などを今も見ることができる

入り口の上部に掲げられた星印などもコンクリートによる装飾

直線、円、アーチ。曲線と直線を調和させたデザインが施された柱

当時と同じ位置にある明かり取り用の高窓

り」と話すのは館長の宇野愼敏さん。
戦火を免れた後、1993年にレンタルギャラリーとして改装。耐震のための補強工事はできるだけ当時のままの姿を残すことが優先されたそうだ。「台座に乗る柱に刻まれた装飾など直線と曲線を上手く合わせたデザインが多いのが特徴。銀行だったため金庫室もそのまま残されており、内部の見学も可能ですよ」。

DATA

旧百三十銀行ギャラリー
住所／福岡県北九州市八幡東区西本町1・20・2
電話／093・661・9130
開館時間／10:00～18:00
料金／見学は無料。但し、有料イベントや展示会開催の場合あり
休館日／12月29日～1月3日

1914

施工：権藤工務店
木造２階建て洋風建築
国登録有形文化財

山辺道文化館

近代的な洋風病院造りの先駆け

久留米市の東部、耳納北麓に位置する草野町は今もなお明治・大正時代に建てられた和洋折衷の建物が数多く残る伝統的な町である。豊かな自然の中に佇む本館は、久留米市花畑で建設中だった病院本館部分を移築し１９１４年に完成した建物で、かつては旧中野病院として使用されていた。現在はさまざまな教室や展示会が行われており、地域の交流場として親しまれている。１９９９年には将来残すべき近代遺産として、国登録有形文化財にも認定された。

1998年に「山辺道文化館」としてオープン。館内には市の無形民俗文化財の指定を受けている「須佐能袁神社の神幸行事」や「若宮八幡宮の神幸行事」で使用している神輿や獅子などをはじめ、地域の伝統文化資料や工芸品の展示コーナーを設けている。２階の休憩スペースでは毎週木曜日のみ、地元の新鮮な食材を使った料理を提供する「木春食堂」が開かれる

階段壁面にある大きな窓からは、
耳納連山の山々が見える

修復はしているものの、ほとんどが設立当初のままだという。木目ばりの天井やアンティークなライトが当時を思わせる

本館の裏に建つ同じ薄い青色の倉庫建物。草野地域では古くからツバキの生産が盛んであり、裏庭にはではさまざまな種類のツバキを見ることもできる

耳納連山を背景に建つ鮮やかな薄い青色の外観が特徴的な建物は、九州地区では珍しい洋風の木造2階建てであり、近代的な洋風の病院建築が地方に定着していった時代の貴重な資料となっている。2階寄棟屋根から前面に突き出したペディメントには大瓶束風のユニークな飾りが施されており、ベランダ周囲の操形や廊下のアーチ状の垂壁に描かれた繊細なデザインは優雅な印象を与える。「幼い頃、実際に私もかかりつけ医としてお世話になっていました。当時は本館裏に同じ薄い青色で木造洋風造りの大きな入院棟もあり、多くの地元の方が利用していましたね」と館長の國武博さん。文化的価値の高いこの建物は部材を可能な限り残しながら修復し、市内唯一の伝統的町並み保存地区である草野町のシンボルとして貴重な存在となっている。

壁には繊細なデザインが施されたアーチが多数かかる

DATA

山辺道文化館
住所／福岡県久留米市草野町草野４８７・1
電話／0942・47・3015
開館時間／10:00 ～ 17:00
料金／無料
休館日／月曜(祝日を除く)、祝日の翌日(土日祝は除く)、年末年始

久留米大学本館

ロマネスクの建築美と歴史を兼ね備えた大学

久留米城の東に位置する久留米大学本館。本建築は１９２９年に旧制九州医学専門学校の校舎として竣工したもので、福岡を中心に活躍した建築家、松田昌平により設計された。鉄筋コンクリート造りの堅牢な構造と、ロマネスク様式を取り入れたデザインが特徴。内部は平面コの字型で、階段の曲線美や手すりには繊細な装飾が施されており、中世ヨーロッパの建築様式であるロマネスクの意匠を随所に取り入れた造りは、訪れる人々に尊厳な印象を与える。

1929

設計：松田昌平
施工：松田組
鉄筋コンクリート３階建て
国登録有形文化財

久留米大学の前身である九州医学専門学校の建築が始まったのは1928年の秋。日本足袋株式会社（現アサヒシューズ株式会社）創業者である石橋徳次郎・正二郎（株式会社ブリヂストン創業者）兄弟による土地１万坪及び校舎建築費の寄付によって設立された。本館の玄関には明治天皇の肖像画を描いた高木背水による、大学設立当時の風景画が飾られている

親しみを感じさせるアーチを
多用した造りとなっている

丸みを帯びた曲線が特徴の、医学科校舎へ続く長い廊下。「窓から差し込む太陽の光が落ち着いた穏やかな印象を与えてくれる、隠れたおすすめスポットです」と重松さん

アーチをかける2本の円柱の柱頭に並んだ特徴的な丸い造形は、聴診器をモチーフに造られたといわれている

正面2階の中央部には車寄玄関を設け、上部壁面を小アーチを連結させたロバンルティア帯で飾る。「車寄玄関は左右対称に配置された大きなアーチ型が並び、堂々とした佇まいを見せてくれます。外観上部中央に飾られた装飾一つ一つも美しく、注目して見ていただきたいですね」と広報室の重松篤さん。鉄筋コンクリート造りの医学校の建築としては現存する最古の遺構の一つであり、数々の水害や久留米大空襲などの歴史を乗り越えて建つ本館は、2021年に国の登録有形文化財（建物）に認定された。現在は文化財としての価値を保ちながら、教育施設としての役割を果たしている。全国有数の医療の町として知られる久留米において、近代化に貢献し、久留米の歴史と重要性を後世に伝える建物として、欠かすことのできない存在である。

階段の柱は古代ギリシア建築でみられるアバスクとエキヌスで構成された独特な造形

DATA

久留米大学本館
住所／福岡県久留米市旭町67
電話／0942・35・3311（代表）

日本福音ルーテル久留米教会

県内初の国有形文化財認定教会

1918

設計：ウィリアム・メレル・ヴォーリズ
木造煉瓦造
シザーズ・トラス構造
国登録有形文化財

マルチン・ルターの宗教改革により1517年にドイツで誕生したルーテル教会。北欧やアメリカなどに広がり、現在では全世界に存在する。日本でのルーテル教会の伝道は、1893年に佐賀より開始し、1901年に久留米の小頭町に講義所が開設され、日本ルーテル久留米教会の歩みが始まった。1918年に竣工した本教会は、建築家ウィリアム・メレル・ヴォーリズが造った建築として、現存する九州最古の建物。礼拝堂内部は、シザーズ・トラス構造で、柱がない空間となっている。合理的に造られた平面構成や丁寧な仕上にヴォーリズの設計の特徴が見られる。

柱間の堀をモルタル塗とし、壁面に7連アーチを並べた煉瓦塀。礼拝堂と調和した表構えを形成している

2019年に礼拝堂と煉瓦堀が教会で県内初の国登録有形文化財に認定された

献堂100年以上の歴史があり、細かな補修を加えているものの創建当時の雰囲気を残している

教会献堂の経緯を記した記念版

DATA

日本福音ルーテル久留米教会
住所／福岡県久留米市日吉町16・3
電話／0942・39・8021
※(主日礼拝) 毎週日曜10:30～
(夕礼拝) 毎月第一日曜19:00～

1896

煉瓦造教会堂
和瓦葺き単層屋根
有形文化財／久留米市

社会医療法人 雪の聖母会

雪の聖母聖堂

現存する県内最古の煉瓦造り教会堂

長年福岡市民に親しまれてきたカトリック大名町教会旧聖堂。3代目主任司祭として着任した、エドワール・ベレール神父の宣教活動によって1896年に赤煉瓦造りの聖堂が完成した。現存する煉瓦造りの教会聖堂としては県内で最も古く、全国的に見ても4番目に古い。88年間に亘って福岡市民に親しまれてきたが手狭により取り壊しが決定。教会の保存活動の末、1986年に「雪の聖母聖堂」として久留米市内の聖マリア病院敷地内に移築された。

本教会を建てたベレール神父の出身地パリにある「勝利の聖母」教会の司祭・信徒の寄付により建築資金が募られた。献堂時は「勝利の聖母」に捧げられたことから「勝利の聖母聖堂」とも称された。祭壇中央部には勝利の聖母教会より寄贈された「勝利の聖母像」のレプリカが祭られており、オリジナルは大名町教会の聖堂入口に安置されている

晴れた日の夕方に差し込む西日が、円柱の柱に
ステンドグラスを美しく反射させる

聖母マリアの助けを通して神への導きと病者の癒しを祈る場とされている「ルルドの泉広場」。フランス南西部、ルルドの洞窟を模して造られた

聖堂移築後に設置された、ドイツのボッシュ・オルガン製作所製のパイプオルガン。ミサ以外にもさまざまな行事で使用される

構造はイギリス積みの煉瓦造りの外壁に、木造小屋組みを合わせたもの。正立面の構成は長崎県にある黒崎教会堂に類似しており、大きな平坦の妻面の前方に切妻屋根の玄関を設ける。妻面には「天主堂」・「公教会」の文字が刻まれた円形の石板が飾られている。中央部にある円形バラ窓は、移築に際して復元した。教会内には、窓から差し込む木漏れ日によってステンドグラスが壁や床に色鮮やかに反射し、流れる時間と共に異なる映り方を見せてくれる。

「ほとんどがカトリック大名町教会旧聖堂のものをそのまま移築しています。当院の患者さんやご家族の方がお祈りにきたり、病院行事やコンサートで利用されたりとみなさんの憩いの場になっているのを見ると嬉しいです」とチャプレン室の平田豊見さん。

アーチを連ねた形に構成された曲面天井。別名コウモリ天井とも呼ぶ

DATA

社会医療法人 雪の聖母会
雪の聖母聖堂
住所／福岡県久留米市津福本町422
聖マリア病院内
電話／0942・35・3322
開館時間／8:00～18:00
※毎週月～金曜の17:30～誰でも参加可能なミサを開催

1912

設計：清水建設
ルネッサンス様式

明治の館

明治末期に建てられた洋風オフィスビル

明治45年に大同生命保険相互会社福岡支社として福岡市西中洲に建てられた建築物を、会社創立80年の記念事業としてこちらに移築復原されたもの。西中洲で長く赤レンガ色の洋館として親しまれた建物の外装石材や主要インテリアを再使用している。旧建物の外観を飾ったサーモンピンクのタイル解体工事中にタイル裏から「BIZEN INBE」と刻印されたものが発見され、このタイルが岡山県伊部の備前陶器株式会社製であることが判明した。レンガ造の壁体をタイルで飾るさきがけとして貴重なものだ。

建物の周りは季節ごとにさまざまな植物が彩りを添える。広大な敷地の中でひと際目を引く、園内のシンボル的存在だ。

明治末期の貴重な洋風オフィスビルとして高い評価を受けていたことから、移築復元となった

外観保存に徹することを第一目的とし、主要構造は鉄筋コンクリート造として新築された。外装石材の主要なものは取り外して再使用されている

塔屋の廻り階段などは新調されず保存されている

現在内部はイベント時など、特別なときのみ公開。通常は外観を楽しむのみ

DATA

明治の館
住所／福岡県八女市黒木町木屋10905
（グリーンピア八女内）
電話／0943・42・2400
開館時間／9:00～17:00
料金／無料
休館日／無休

1908

設計：筬島傳太郎
木造2階建て洋風建築
和風平屋（倉庫部分）
指定文化財／福岡県

大川市立清力美術館

欧州の古典建築様式と和テイストの融合

かつて酒造会社の事務所だった建物で、現在は市立の美術館として運用されている。正面の玄関ポーチにはヨーロッパの古典建築様式を用いた角柱など華やかな装飾が見られ、1階部分は洋風の造りと和風の伝統的町家造りが共存する、珍しい設え。2階は幾何学模様に彩られた格縁天井や、瀟洒なカーテンボックス、調度品など華やかな雰囲気に包まれている。「意外なところでは、お手洗いのタイルにも着目してもらいたいですね。

地元の大工・筬島傳太郎が施主である清力酒造初代社長中村綱次とともに、グラバー邸など長崎の洋館を巡りながら設計をした。地方大工による洋風建築の好例と言われている。また、当館には青木繁が8か月逗留して作品を完成させたというエピソードも残る。地元若手アーティストを積極的に援助した中村の意思が、今もこの建物には宿るのだろう。現在も若手作家の育成を応援する企画展を随時行っている

窓枠や扉枠を撮ると、その奥に広がる室内の設えや景色がそのまま絵画のようになる。
計算されつくして建てられていることがわかる

若手作家の作品が不思議と古い建物にしっくりと合う。ガラス窓を通して眺めてみるものいい

美しいタイル装飾がそのまま残されているお手洗いと洗面スペース。じっくり眺めるマニアも多いとか

日本で初めて焼き付けタイルを作ったメーカーのものが、今もまだ現役で使われています。美術館として第二の人生を歩み始めたあとも、このトイレや窓などは手を加えずに、そのまま残されているんですよ」と館長の弥永隆広さん。その他の部分も、空調を整備したり、バリアフリー対応にしたりといった改修は行ったものの、建物そのものにはできるだけ手を加えず〝遺す〟ことを大切にしてきたと話す。「美術館なので本来は作品の保存のために、自然光を遮断するなど対策を講じたほうがいいのかもしれません。しかし、ここはアートと日常が共存する唯一無二の空間。木漏れ日が作品に差したり、車の音や子どもの声が聞こえる中でアートを鑑賞する体験もいいものですよ」。

イベントによっては、階段の裏にプロジェクターで作品を投影することも。新しい表現方法にも積極的だ

DATA

大川市立清力美術館
住所／福岡県大川市大字鐘ヶ江77・16
電話／0944・86・6700
開館時間／9:00 ～ 17:00（入館は16:30まで）
料金／無料（企画展開催中は有料の場合あり）
休館日／月曜（祝日の場合は翌日）、年末年始

大牟田市庁舎本館

戦禍に耐えた官庁建築物

明治期に三井三池炭鉱が操業し、大正時代には石炭関連事業によって活況を呈していた大牟田市。大正６（１９１７）年に市政が施行され誕生した「大牟田市」の本庁舎として建てられた旧庁舎が昭和８（１９３３）年に火災により焼失したため、昭和１１（１９３６）年に再建されたのが、現在のこの建物だ。建物全体は玄関部を中心に完全な左右対称で、方形屋根がのる五層の塔屋を建物中心に据えるスタイルや、各階に並ぶ縦長窓など、昭和初期の地方官庁建築に特有の意匠が見られる。

1936

施工：柿原組
鉄筋コンクリート造４階建て
国登録有形文化財

落成時の外壁はスクラッチタイルを全面に使用していたが、剥落の危険性から昭和50年代に撤去され、現在はモルタルが塗られている。一見、３階建てのように見えるが車寄せ部分が高く造られているため、来訪者が階段を上って直接入る部分が既に２階。１階は半地下のような造りになっている。また、正面に掲げられている「大牟田市庁」の文字は、市民からの声を「広く聴く」という意味で、旧字体の「廳」の字を現在も残しているという。議場は建設当時のまま、今も使われている

方形屋根がのる5層の塔屋が印象的。屋上から
間近に見ることができる

屋上に残る防空監視硝。海が見える西向きに設置されている

庁舎内をよく見ると、漆喰壁の一部に彫刻が施されていたりと建設当時の面影が残る

建物内部は入ってすぐに庁舎中央階段に出迎えられ、吹き抜けと大理石を多用した空間も当時のまま。建物4階には当時貴賓室として使われていた面影を残す大理石のマントルピースや、意匠を凝らした装飾壁面などが見られるが、現在はそれらも通常業務を行う市役所の一部屋として使われている。

また、第二次世界大戦時には大牟田市中心部のほとんどが焦土と化すなか、こちらの建物は奇跡的に戦火を免れたというエピソードも持つ。戦時中使用された防空監視用のコンクリート製硝や防火用水槽などが、今なお庁舎屋上や中庭で見ることができるのだ。歴史を伝える美しい文化財でもあり、戦火を耐え抜いた証でもある貴重な建造物だ。

マントルピース（暖炉）も今は使われていないが、市庁舎内で見学ができる。通常業務を行っている部屋に残されている

DATA

大牟田市庁舎本館
住所／福岡県大牟田市有明町2・3
電話／0944・41・2557
（公共施設マネジメント推進課）
見学可能時間／火曜13:00～16:00、
金曜9:00～11:00（一週間前までに要申請書）
休館日／市役所に準じる

1908

施工：清水組
有形文化財／大牟田市

三井港倶楽部

百余年の歴史を刻む迎賓館から食の美術館へ

昭和41年、三池港の開港と同時に誕生したこの建物は、三井財閥の社交場・外国船員の宿泊接待所として活用され、昭和天皇などの皇族や伊藤博文・井上馨といった政財界の重鎮を多く招き入れてきた歴史を持つ。創業当時は和洋館並立形式で建設されたが、現在は洋館のみが残されている。洋館は木造2階建て・屋根部屋付で浅瓦葺、外観はハーフティンバー風に木骨を見せ、表階段は漆喰で仕上げられており、まさに明治を代表する西洋建築の傑作。

明治期の三池炭鉱の繁栄を物語る瀟洒な洋館。各部屋は球戯室（玉突場）やダンスホールなどに利用されていたという。ほとんどの部屋でマントルピースが見られ、上下式の窓の一部は、当時の素材のまま残されている

格縁で区切られた天井は部屋ごとに異なる意匠を表しているので、
各部屋眺めてみたい

敷地内には「三池炭鉱育ての親」と言われた実業家・団琢磨の像が建っている。三池港を築港し、三池鉄道を敷設するなどした郷土の偉人だ

電話室は当時のまま残されている。当時浴室として使われていた場所が女性トイレになり大正時代のタイルが残されているなど、建築好きなら隅々まで楽しめる

この地の石炭産業の繁栄とその歴史を伝える貴重な遺産だ。開館から百年を超えた現在は、フレンチの巨匠として広く知られる坂井宏行シェフが監修した料理を楽しめるレストラン・結婚式場として新たな命を注がれ、歴史と現代が融合した洗練された空間で食事やイベントを楽しむことができる稀有な空間として生まれ変わった。館内の装飾を目で楽しみ、極上のフレンチを舌で楽しめる空間は、さながら「食の美術館」だ。

館内を見学するだけの利用客も受け入れているので、時間がない人は施設内を眺めるだけでも十分眼福を得られそう。しかし元々迎賓館だった施設。やはり往年の雰囲気をそのまま味わうには食事まで楽しみたい。

船室をイメージした丸窓が旅情を誘う

DATA

三井港倶楽部
住所／福岡県大牟田市西港町2・6
電話／0944・51・3710
開館時間／10:00～21:00（館内見学は17:00まで）
レストラン営業
　LUNCH　12:00～15:00（14:00 OS）
　DINNER　15:00～21:00（20:00 OS）
　前日17:00までに要予約
休館日／月・火曜（その他貸し切り営業日・臨時休業日あり）

アートスペース谷尾

タイルで彩る銀行建築
店内の展示品にも注目

アーケード沿いにある直方市のランドマーク。大正時代に建てられた旧十七銀行直方支店の建物で、遠目から見ると煉瓦造りに見えるが外壁には煉瓦風タイルが使用されているため、色が風化しにくく、当時のイメージのまま現在も残る。基礎や窓台などは花崗岩が使用されており、装飾も細やかに施されている。外壁にはランタンがいくつも取り付けられており、ガラスが劣化によりアイアン部分から膨れ出している様子が見える。

1913

木造及び煉瓦造２階建
国登録有形文化財
近代化産業遺産

アーケードに隣接しているので、雨の日でも安心して見学できる。外壁はレンガ風タイルなので色の劣化も少ない。館内はアートスペースとしてリニューアルされているため展示棚などが多いが、よく見ると壁には細やかな彫刻が施されている

入り口部分はアートスペースとして使われるようになった
1997年の看板装飾が設置されている

平成9年に故・谷尾欽也氏により直方市美術館別館（通称アートスペース谷尾）としてリニューアル。主にガラス工芸品の展示が行われている

銀行時代に使われていた金庫の扉の上には装飾が施されており重厚な印象

平成9年に故谷尾欽也氏により直方市美術館別館として改装され、館内には展示棚が数多く置かれている。チェコ・ドイツ・フランス・中国などのエングレーブ（彫刻）やゴブレット（飾り瓶）、日本の江戸切子など約260点のガラス工芸品が通年で展示されている。棚の奥の壁には当時使用されていた巨大な金庫の扉などを見ることができる。壁に施された装飾の彫刻も美しい。

また館内の一部には喫茶スペースが造られており、市民の憩いの場ともなっている。窓にはミュシャ風の作品を模したステンドグラスが設置されているが、こちらは平成時代に改修された際に造られたもの。シャンデリアも後年に新調されたものだが、建設当時から設置されていたようだ。

外壁に設置されているランタン。風化しているものの当時のガラスが一部残るなど往年の姿をイメージさせる

DATA

アートスペース谷尾
住所／福岡県直方市古町10・20
電話／0949・22・0038
開館時間／9:30～17:30
料金／無料
休館日／月曜、年末年始

1941

改修1989
地上２階
国登録有形文化財
近代化産業遺産

直方谷尾美術館

昭和初期の病院建築を活かし和の邸宅と組み合わせた

石炭産業の隆盛と共に栄えた直方市。最先端の医療機関が数多く開業した。ここ「直方谷尾美術館」も、大正２年に開業した奥野医院の建物で、当初の建物は火災で焼失したが、昭和初期に以前の建築様式を踏襲して再建されたもの。前面の医院として使用されていた部分は洋館、それに接続する形で私邸の日本建築がある。玄関ポーチ部分に造られたギリシャ神殿を思わせるイオニア式の柱頭が特徴的で、扉の奥には病院の受付台が今も残る。

大正時代に流行した石造りの西洋建築。ギリシア神殿を思わせる柱頭の装飾が施された石の柱が特徴的。病院の受付として使用したからかステンドグラスなど入り口に装飾が多い。柱や壁にも細やかな装飾が施されている

館内にはいくつも部屋がつくられており、扉部分はアーチ型。
細長い廊下は西洋建築の代表的な様式

昭和世代には懐かしい装飾の施された擦りガラス。市松文様など当時の流行が分かる

応接室はガラス張りで明るい空間。グランドピアノも設置されている

その場で入り口を振り返ると天井近くにブドウと燕を描いたステンドグラスが設置されている。内部の天井を見ると複雑な彫刻が施されたコリント式の柱頭が装飾として使われる。展示スペースは改修されているが、病院時代に応接室として使用されていた休憩室などはそのまま残っていて、自由に見ることができる。応接室は半円形に張り出しており、ガラス張りで陽光を取り込む造りとなっている。後方に造られている和館は、洋館とは対照的に落ち着いた佇まい。昭和レトロガラスと呼ばれる窓ガラスを配した廊下を進むと茶室も併設されている。切妻造桟瓦葺の数寄屋造り。四畳半の茶室には水屋や六畳の待合室があり、「鉄牛庵（てつぎゅうあん）」と呼ばれていた。昭和時代によく用いられた模様入りの擦りガラスも残る。

西洋建築に併設された純和風建築。4畳半の茶室がつくられていた

DATA

直方谷尾美術館
住所／福岡県直方市殿町10・35
電話／0949・22・0038
開館時間／9:30～17:30（入館は17:00まで）
料金／大人100円、大学生・高校生50円
（土曜は高校生無料）
休館日／月曜、年末年始、不定休あり

直方市石炭記念館

明治の日本経済を動かした炭鉱王たちの会議場

玄関前のアーチ型ポーチは背が高く、ガラス窓をはめこんだ玄関扉も大きい。瓦葺の木造建築。日本で最初の組合連合団体といわれる「旧筑豊石炭鉱業組合」の直方会議所だ。明治日本の産業革命を支えた石炭を産出する炭鉱の経営者たちから成る団体で、この会議所での議論が当時の日本経済を左右したといわれている。外壁は漆喰仕上げ、ポーチには一対の狛犬が鎮座している。1階には事務室・応接室・所長室があり、2階はワンフロアすべてが会議室。

1910

設計：長瀬兵馬
施工：鴻池忠治郎（現・鴻池組）
国指定史跡
近代化産業遺産
有形文化財／直方市

2階の会議室は部屋の仕切りがなく広々とした空間。２基の暖炉が設置された豪奢な造りで、シャンデリアもあった（現在のシャンデリアは後年の物）。窓には明治時代の技法で造られた板ガラスが使用されており、当時の物の特徴である歪みもみられる。アーチ型玄関ポーチを含む外壁は漆喰で造られている

木製の手すりが設置された階段も天井が高い。手前にあるのは
会議所の重要なメンバーであった炭鉱経営者・貝島太助の金庫

窓の外に見える救護隊の訓練施設「救護練習所模擬坑道」。坑道を模したもので、当時頻発していた炭坑の事故から人命を守るため設置された

真鍮のドアノブには細やかな彫刻が施されている

家具類などは残っていないものの、天井には可愛らしい飾り彫りなどが施されており、照明のシャンデリアが高級感を醸し出す。1階の暖炉は白く美しい石灰石で造られており、2階の暖炉はレンガ風のタイルが使用されている。建設当時に造られた窓が今も残っており、レトロガラスから見える外の景色が揺らいで見える。窓の外にあるトンネルは炭鉱で起きる事故の際に活躍する救護隊の訓練施設で、大正11年に新設されたもの。階をつなぐ階段も建設当時のまま。手すりは長い歴史を経て艶やかに輝く。そして各部屋のドアには百合の紋章と花柄が施された真鍮製のドアノブ。現在の建築物と比較して低い位置に設置されている。施設の外には石炭産業を支えたSLを2両保存展示。

外観。敷地はさほど広くはないが天井が高い造りのため圧迫感はない。屋根は瓦葺で、現在でも雨漏りひとつしないという

DATA

直方市石炭記念館
住所／福岡県直方市大字直方692・4
電話／0949・25・2243
開館時間／9:00～17:00（入館は16:30まで）
料金／大人100円、大学生・高校生50円
休館日／月曜、年末年始

1904

煉瓦造り２階建
国登録有形文化財
近代化産業遺産

九州マクセル赤煉瓦記念館

赤い煉瓦を緑のツタが覆う錯覚を利用した不思議な建物

マクセル株式会社の九州事業所内にある建物で、旧三菱合資会社が炭鉱産業で筑豊地方に進出した際、明治37年ごろにドイツ人技師の指導の下で建設されたヨーロッパ風の煉瓦造りの建物。三菱方城炭鉱坑務工作室として使用されていた。まずは外観に注目。背の高い建物を見上げると3階建てに見えるが、実際には2階建て。これは2階部分の屋根の一部が他より少し高く張り出すように造られていることで目の錯覚が生じ、3階建てに見える。

赤い煉瓦に緑のツタが絡みついて色のコントラストも美しい。建物の裏側に回ってみると、2階のステンドグラス部分も確認できる。内部の鉄骨の梁は当時のものを塗り直したもの

3階建てに見えるように造られた建物。屋根の一部が
一段高く造られており、そびえるように感じる

敷地内には三菱方城炭礦坑務工作室時代の建物も残っている。写真右奥は炭鉱労働者たちの共同浴場だった建物

館内は後年になって改装された部分も多いが、当時の雰囲気を守っている。雨どいを隠すように煉瓦で壁が造られている

2階のステンドグラスは新しく造られたものだが、大きな丸窓は当時からこの位置に設置されていた

春から夏にかけては緑のツタが外壁を覆い、赤と緑のコントラストが美しい。館内は展示スペースとして改築されているが、当時の特徴は2階部分に残っている。天井部分は天井板を外し鉄骨の梁が見えるような造りになっている。この鉄骨はボルトやナットなどを用いず、熱して叩き結合させるリベット固定手法が用いられており、経年による結合部分のゆるみなどが少ないといわれている。外壁に設置されている丸く大きなステンドグラスも特徴的。建設当初より丸形の窓が設置されており、改築の際にステンドグラスに置き換えられた。

普段はマクセル株式会社九州事業所の応接室、カフェとして利用されている施設なので、見学の際には事前予約が必要。

DATA

九州マクセル赤煉瓦記念館
住所／福岡県田川郡福智町伊方4680
電話／0947・22・0585
開館時間／9:00～17:00
料金／無料
休館日／土日祝　※見学は事前予約が必要

1914

監修：辰野金吾
煉瓦造２階建
近代化産業遺産
有形文化財／福岡県

行橋赤レンガ館

東京駅を彷彿とさせる風格
大正ロマンの風を感じる

百三十銀行行橋支店として建設されたのは大正3年。東京駅や日本銀行本店を手掛けた辰野金吾が主宰する辰野・片岡事務所が監修を務めた建物で、外から見ると2階建てに見える。外観はルネッサンスを基調にセセッションの意匠を加味し、装飾を簡略化して垂直線を強調。中に入ると1階と2階の間に天井はなく一室構成。高い吹き抜けとなっているため解放感に満ちている。入口のドアや上げ下げ式で開閉する窓もそれに合わせた高さのあるものを設置。

外から見ると2階建てだが、吹き抜けの広い空間が広がっている。外観は辰野金吾のデザインに多く見られたルネッサンスを基調とした様式。受付に利用されていた木造カウンターも当時のもの

部屋の端にある螺旋階段。当初の
設計図を元に復元されたもの

窓は上げ下げ式でゆっくりと開閉する仕組みになっている

フロアの端にある応接室。「應接室」と旧字で書かれているのが当時の様子を感じさせる

重厚な金庫は当時のまま。現在は倉庫として使用されている。上部の扉がマンホール扉

広い空間の中でまず目に入るのは、かつて受付業務が行われていた木造のカウンター。当時のままの姿で、艶を重ねて存在感を見せている。フロアの端には応接室として使用されていた小部屋が今も残っている。端に設置された鉄骨のらせん階段は当初の設計図を基に復元している。階段を上がると館内をぐるりと回るように歩廊が造られている。往年の様子を伝えるものがもうひとつ。奥にある金庫室も当時のままに残る。堅牢な造りの扉は上下2つ備えられているが、上部の扉はマンホール扉と呼ばれる非常用扉。大きい扉の不具合時に使う。金庫は現在、物置として活用されている。館内にはカフェスペースが設けられており、大正ロマンの風を感じながらクリームソーダなどが味わえる。また、地域のイベントやアート展などが催されることも。

DATA

行橋赤レンガ館
住所／福岡県行橋市大橋3·7·14
電話／0930 · 23 · 7724
開館時間／10:00 ~ 18:00
料金／無料
休館日／火曜

1906

設計：小川治兵衛
近代和風建築
地上２階
国指定重要文化財

旧伊藤伝右衛門邸

炭鉱王の誇りをかけた大豪邸
和洋折衷を取り入れたデザイン

炭鉱王と呼ばれた伊藤伝右衛門が、華族出身の柳原白蓮（燁子）を妻に迎えるために建設した邸宅で、幾度も増改築が繰り返されている。入母屋造りの表玄関は白蓮が嫁いできた後に造られたもの。以前は別の玄関があったが、上がり框が高すぎて着物を着用する白蓮が手をつかなければならないことから、新たに造られた。入ってすぐ左手にある応接室の床はヘリンボーン貼りの寄木床。欄間のステンドグラスにはクリスタルが練り込まれて透明度が高い。

後年になって2階から移築・修復された応接室。イギリス製のステンドグラス、豪華なマントルピースなど炭鉱王の繁栄が伝わる。白蓮のために新たに造られた正面玄関。書斎の板戸には福岡出身の画家・春峰の四季の花が描かれている

本座敷廊下は畳を横使いに敷き詰め広さを演出。矢羽根張りの
天井は目の錯覚を利用し水平なのに中央が盛り上がって見える

邸宅の前の長屋門は福岡市内にあった別邸「銅御殿(あかがねごてん)」から移築されたもの

ダイニングからは庭園が見える。シャンデリアは松を模した装飾がかわいい

2階部分に白蓮の居室があった。庭園が見渡せる大きな窓が造られている

暖炉周りにはアールヌーボー調の豪華なマントルピースが造られている。ステンドグラスは書斎にも設置。書斎などの壁は着物や帯をほどいてその繊維を練りつけており、修復不可能と言われている。板戸に金の下地を塗り、日本画家に四季の草花を描かせている。本座敷廊下の天井に注目してみよう。矢羽根天井と呼ばれる天井は板を斜めに貼ることで中央が盛り上がったように見える細工が施されている。また、和洋折衷のデザインを取り入れているダイニングも豪華で、庭を眺めながら食事を楽しんだ様子がうかがえる。白蓮のために造られた2階の一室は、京の風情を盛り込み、竹をふんだんに使用してお茶室風に仕立てている。炭鉱王の財力と、美しい妻に向けた愛が伝わる。

DATA

旧伊藤伝右衛門邸
住所／福岡県飯塚市幸袋300
電話／0948・22・9700
開館時間／9:00～17:00(入館は16:30まで)
料金／大人310円、小中学生100円
休館日／水曜、年末年始

INDEX

あ

か

さ

福岡 レトロモダン建物めぐり

2024年12月20日　　第1版・第1刷発行

著　者　月刊九州王国編集室
（げっかんきゅうしゅうおうこくへんしゅうしつ）
発行者　株式会社メイツユニバーサルコンテンツ
代表者　大羽 孝志
〒102-0093　東京都千代田区平河町一丁目1-8
印　刷　株式会社厚徳社

◎『メイツ出版』は当社の商標です。

● 定価はカバーに表示してあります。
© エー・アール・ティ,2024 ISBN978-4-7804-2970-1 C2026 Printed in Japan.

ご意見・ご感想はホームページから承っております
ウェブサイト　https://www.mates-publishing.co.jp/

企画担当：千代 寧